Traços poéticos

MARIA DE LOURDES ALBA

Traços poéticos

EDITORA
Labrador

Copyright © 2018 de Maria de Lourdes Alba
Todos os direitos desta edição reservados ao autor.

Coordenação editorial
Diana Szylit

Projeto gráfico, diagramação e capa
Felipe Rosa

Revisão
Marina Saraiva

Imagem de capa
Photology75 / https://elements.envato.com

Dados Internacionais de Catalogação na Publicação (CIP)
Andreia de Almeida CRB-8/7889

Alba, Maria de Lourdes
　　Traços poéticos / Maria de Lourdes Alba. -- São Paulo : Labrador, 2018.
　　78 p.

ISBN 978-85-87740-01-4

1. Poesias brasileiras I. Título

18-1036　　　　　　　　　　　　　　　　　　　　CDD B869.1

Índices para catálogo sistemático:
1. Poesias brasileiras

Editora Labrador
Diretor editorial: Daniel Pinsky
Rua Dr. José Elias, 520 – Alto da Lapa
05083-030 – São Paulo – SP
Telefone: +55 (11) 3641-7446
contato@editoralabrador.com.br
www.editoralabrador.com.br

A reprodução de qualquer parte desta obra é ilegal e configura uma apropriação indevida dos direitos intelectuais e patrimoniais do autor.

Sumário

Você 10
Não sei 12
Escrever 14
Chuva 15
Meu amor 16
Gripe 18
Clarão dos teus olhos 19
Natália 20
Vento 21
Arco-íris 22
Entrega 23
Tento 24
O amor acabou 25
O túnel 26
Morte periférica 28
Banho de mar 29
Água 30
Vinho 31
Menina 32
Olhar 33
Lapidação 34
Toque mágico 35
Ideias 36
O parque 37
A saia 38
Voz 39
Só 40

Desejo 41
Pôr do sol 42
Amor 45
Retorno 46
Cachoeira 48
Sei 49
Espera 51
Dores 52
Passado 54
Acabou 55
Alba 56
Penumbra 58
Pássaros 59
Amanhecer 60
Traços 62
Destino 63
Fim 64
Vinte anos 65
Noite 66
Olhar 67
Despedida 68
Coisas a fazer 69
Primavera 70
Noite 71
Canto do galo 72
A chuva cai 73
Solução 74
Segredo 75
Filho 76

Para
Cida & Wagner

O retorno é o estorno do suor passado.

Você

Cada passo que caminho
Cada dia que vivo
Cada luta que venço
Cada degrau que subo
Todo o meu pensamento
É para você

É você quem está
Em todos os momentos
Dos meus momentos

Cada gota d'água
Que cai
Cada pingo de chuva
Cada lágrima que rola
Pelo rosto de quem ama
De quem não sabe amar

Que dá a vida por alguém
E não sabe demonstrar

Cada pétala de flor
Bem-me-quer
Malmequer
Uma a uma
A doce figura
Do querido amado
Brilha na minha mente

Basta ver você
Para que meu coração
Bata rápido
Meu corpo treme
Inteiro
Meus olhos brilham
De alegria e de amor
Em todos os meus momentos

Não sei

Não sei se posso elevar montes
E transpor barreiras
Não sei se devo lutar nem para quê
Não sei se sou quem sou
Quem eu sou e deva ser
Sou eu
Pouco importa

Corri rios e riachos
Percorri estradas e ruas imensas
Fui longe
Mais longe do que imaginava

E esperava
Voltei sim   voltei
Voltei para a mesma coisa
Para o mesmo lugar
Continuando do mesmo jeito

Será que nada valeu
Toda esta caminhada
Todo este suor
Todas estas lágrimas
Todas as batalhas vencidas e perdidas

Não sei
Não sei

Justamente eu
Que previa que percebia
Para onde foi tudo   todo o meu saber
Para onde
Não sei

Escrever

Se escrever   me leva a outro caminho
Esse caminho estou a buscar
É inédito obscuro
Mas sei que claridade irei encontrar

Procurar alguém
Com quem me adaptar
O difícil será achar
E vida nova irei começar

Não temo fracassos
Fazem parte do dia a dia
Devo prosseguir
Por este rumo incerto
E ... continuar

Na vida   o grande desejo
De fazer o que se gosta
E gostar do que se faz

Eis a grande dádiva
Não seremos ocultos
Mas livres em nós mesmos

Chuva

A chuva cai intensa
Molha os campos   fertiliza a vida
É a reciclagem do ecossistema
Renovação da natureza

Que a recebe de braços abertos
Sem ter como impedi-la
Mesmo com os estragos todos
Está de bem com a vida

Chuva que chuva que cai
Intensa   forte   barulhenta
Que inunda   que alaga   que destrói
Que floresce   que renasce   que abastece

Abastece os rios   os lagos   os lençóis subterrâneos
Que nos dão a chance do amanhã
Se em milhões de anos   não sabemos lidar com ela
A culpa   não há de ser dela

Que é igual   que é pura   que é localizada
Há milhares e milhares de anos
Nos dá a oportunidade perene
De renascer para a vida
E continuar a viver

Meu amor

Já não carrego comigo
Tanta ilusão de amor
Sei que os dias se passam
E a nossa vida reduz

Sei a necessidade
De ser intenso no amor
Mas   me desdenho
Deixo tudo para depois

Você se aborrece por pouco
Por pouco me faz sofrer
E pouco se preocupa
Em me devolver a alegria de viver

Hoje   já não me iludo mais
Que tanto amor   possa trazer tanta felicidade
Quanto imaginei
Um dia

Sei que as coisas não são fáceis
Você poderia conceder um pouco
Para reduzir o estresse
Da mesmice de todo dia

Não me engano mais
Com o brilho dos seus olhos
Eles já não seduzem tanto
Perderam a força vital

Não brilham mais na minha presença
Talvez brilhem na minha ausência

Não me iludo mais
Com aquelas suas doces palavras
Que hoje são amargas
E rudes
Foscas
Mortas
Fugiram do meu coração

Sua companhia é minha vida
Seu amor não é o mesmo
O meu se perde
Nesta confusão de sentimentos

Mas está consciente
Preparando para o dia de amanhã
Que não sei se virá

Gripe

Tua fraqueza te carrega a alma
O espírito
Teu peito chia
Teus olhos lacrimejam
O corpo dói   todo dói
A febre consome-te
Te derruba

Não sabes de onde vem
Não sabes para onde vai
A tosse sonoplastia evasiva
Ela não vai   não vai embora
A gripe te pegou
Teus olhos lacrimejam

Clarão dos teus olhos

O clarão de teus olhos
Me ilumina a vida
A clareza de tuas decisões
Me torna segura e decidida

A força da vaidade
Te faz perene
Buscas o futuro
Embora estejas no presente

Buscas o adeus
Mas   teu Deus se foi
A sufocar   teu corpo   tua alma
Tua vaidade   tua arrogância
Tuas decisões
Todas

E   passas a lamentar
O que jamais te acolheu o presente
Em desfruto   sem frutas a colher
O teu corpo todo a recolher
Tuas decisões
Todas

Natália

Natália   você nasceu
No Natal
E trouxe consigo a paz
Do ano que vai chegar

Pequena Natália
Você chegou linda
Uma recém-nascida
Saudável e pura

O fruto do amor
Em forma de gente
Trouxe a alegria
Maior que existe no mundo

Natália   você é um presente raro
Que Papai Noel nenhum traz
Formou-se no aconchego
Do útero materno

Pequenina   nasceu
Preencheu
O Natal de toda
A humanidade

Vento

O vento que balança as árvores
O vento que sacode a vida
O vento que ergue tua saia
O vento que te faz viva

Ó vento que ventas à tarde
Ó vento que beijas à noite
Ó vento que trazes saudade
Ó vento que refrescas a mente

Que morte tu trazes recente
Que vida tu tens no presente
Que sonhos tu levas distante
Que amores tu beijas levemente

No vento que as árvores balança

Arco-íris

O arco-íris é a ponte
Do dia da noite sombria
Teus cabelos teu espelho
Tua verdade no íntimo

Fazes bem fazes mal
Carregas o baú dos sonhos
No sopro do vento obscuro
O brilho do teu sorriso o enobrece

Te vejo amanhã
Estás tão longe
O Arco-Íris como vento se dissipa
Antecipa-se no adeus

Que se vai
E se renova

Entrega

Meninice   que ingênua
Teu carinho é uma flor
As pétalas caem em cada orgia
Do teu corpo entregue na guia

Que bobagem meninice
Viver uma vida tão sofrida
O corpo vale o sustento

Sustenta o corpo
Desestrutura o espírito

Teu lindo desabrochar
Em mulher mais que menina
Entregas o que tens de mais puro e novo
Envelheces sem ter sido jovem

Abre o olho   fecha as portas
Respira fundo   pisa firme
Sai fora   antes que dentro desmoronem
As pétalas de cada orgia

Tento

Me tenho
Retenho
Detenho
Detento

Me rela
Ralo
Reza
Resenha

Me calo
Lado
Lenha
Fogueira

Me tenho
Me rela
Me calo

Retenho
Ralo
Lado
Detenho

Reza
Lenha
Detento
Resenha
Fogueira

O amor acabou...

Num elementar transtorno
Que transborda em lágrimas
As agonias do sofrimento
O desespero

É um beco sem saída
O diálogo se extingue
As dores acolhem a alma
Que se vê estarrecida

O ponto obscuro da face
No íntimo em desgraça
O desprezo se faz em silêncio
O amor acabou

O amor se foi
Na agonia do sofrimento

O túnel

À noite   as praças são quietas
O corpo corre desliza
Rápido em seu caminhar

Os sentimentos afloram
Quando o barco à deriva
O túnel vem dedilhar
Banho de mar   o acolhe

No céu   fogos de artifício
A fonte jorra soberba
Não só esperamos que nadem
São os sentimentos que passam

De dentro d'alma num suplício
Carrega o exército de sêmen
Transportam num túnel alheio
Jorram na noite estrelada

Quem os acolhe
São os mais singelos sentimentos
Com um rio de águas quentes
Leve rio onde escorregas
E te deixas a bailar

O tempo que parece curto
É tão intenso   relaxante

Que valsas com tuas caldas tremulantes
Enquanto teu tempo durar

A mágica que fez mágico o ser
O ser de carícias
De um navegar
Faz um eterno viver

Morte periférica

O sonho ronda a periferia
De uma vida mais sadia
A periferia o sonho ronda
De um pesadelo frio

A morte   teu companheiro
A vida sem sentido
O dia passa longínquo
A noite traz o terror

Atrás do grito   a desgraça
Atrás da desgraça   o corpo
Um sangue escorre lavando
O asfalto que acolhes

Uma bala   uma morte
Uma vida que detona
Desestrutura a família
Desaconchega a mulher

A corrida em lágrimas doloridas
As flores que enfeitam o corpo
O adeus de quem não se despediu
Na gaveta do IML   tua morada

Passos de valente a indigente
De sonhador a frio tremor
Um passado   que cabe no futuro
A sepultura
O canto acolhedor

Banho de mar

Na praia distante
O cego pode sentir a brisa
Pode pisar as areias
Pode envolver-se no mar
Amar

Aquele que sofre   que chora
No mar encontra a suave   paz
Os rancores   as vaidades
Que fecham seus olhos
Os abrem para a natureza

O borbulhar   as espumas
A vida a se encantar
São mulheres   homens   crianças
Seres viventes
A vida a   homenagear

A felicidade pode estar
Num simples banho de mar
O infinito   das águas
Ao infinito do céu
Vem se encontrar

O homem frágil ser terreno
Os pensamentos a voar
Serás feliz
A paz encontrará
Num simples banho de mar

Água

A água jorra da fonte
A bexiga esvazia a força
A rouca voz que solta
Nada diz

A água corre pelas pedras
Da montanha desce a serra
O sedento com jarro de barro
Te aguarda lá embaixo
Sozinho a esperar

A sede a água mata
Líquido sem consciência
A terra em suas mãos
A humanidade órfã sem ti

É límpida   frágil não se revolta
Alguns te envenenaram
Outros te macularam
A reciclagem não traz garantias
A pureza te faz engrandecida

A consciência do homem
Perverso imundo destruidor
Fará de si mesmo um órfão
Um órfão sem remissão

Vinho

O cálice o vinho transborda
Transforma   as dores em cores
O sonho que trazes
O suplicar da ilusão

O vinho transborda o cálice
A aura traz próxima a alma
O sorriso te faz sublime
A alegria do dia

Presente que o céu apresente
Em largas escalas   asfalto
Salto alto   o lábio no cálice
Carícia de   alucinante sabor

Menina

Tu menina capricha
Neste dengoso olhar
Tu és uma mulher menina
E a vida vai te abraçar

Envelhecer jamais
Nem mesmo as rugas te virão
És jovem mesmo aos sessenta
Sessenta anos de visão
De passado de menina
Alegria e unção

Olhar

Os olhos lampejam a alma
As luzes das estradas se vão
No teu olhar o brilho do amor
O estrelar num piscar

Meus desejos   teus anseios
Nosso corpo a entrelaçar
Teu aroma   meu espasmo
A felicidade a chegar

Lapidação

Lapidei um poema
Um poema lapidei
Transformei prosa em verso
Verso em prosa   transformei

Toque mágico

O toque mágico de teus olhos
Me renasce de um tempo sombrio
Me traz à alma luz infinita
A chama do fundo íntimo

O calor me aquece   me traz à tona
Alegrias que tanto dispensei
Nesta vida   fora de agonia
Nas estradas por onde passei

Naveguei em teu corpo
Senti tua alma   pela tua aura
Desejos que a pupila dilata
Te delatou

Nas tardes que a chuva cai
Em que meu passatempo
É passar o tempo
Das alegrias que teus desejos
Me deram

Ideias

Como deixar as ideias morrerem
Morrerem
Como as deixar
Ficar

Passeando na alvorada
Sinos   pássaros   videntes
O clarão do mundo me acolhe
Em pensamentos

Ideias que vêm   que vão
Em vão
Nem sempre as uso   elas fogem
E no transcendental se perdem

O parque

Parque repleto de palmeiras
Raios de sol adejam
Lago espelha
Vegetação rasteira

Os peixes   os pássaros   a terra
E a grama e a grama

Pássaros cantam
Tua voz quase muda
Muda de lado
Acolhe minh'alma

Domingo faz leve uma canção
MPB, bossa-nova ou samba-canção
Discreto   sensato   calado
Teu olhar não escapa   não

A frieza do cumprimento
Lento
Torna o parque uma imensidão
Ao som de uma canção
Que voleia ao sol
Na grama no chão

A saia

Salta longe   salta ponto
O vestido arrasta a saia
Varre o chão da memória
Na barra da tua saia

O passado passa morto
Desengonçado passado
Leva no tempo perdido
Uma vida em desatino

Na barra de tua memória
Que tanto pisas
Varre o chão da memória

Voz

A voz de tua alma solfeja
A vida a calejar
Os desejos sublimes fetiches
Teu corpo a bailar

A valsa das pernas eternas
O suor mais perfumado
Ao sabor do creme espesso
A pele a lubrificar

O túnel escuro e profundo
Tantas surpresas vai desenhar
Ao som da cascata   o redemoinho
Uma fonte a jorrar

Teus braços que enlaçam meu corpo
Tão sublime a acariciar
Um cansaço que não cansa
Desabrocha a alma em flor

São sorrisos   que relaxam o corpo
São sentimentos que não se explicam
É um tempo que passa e fica
Pacifica um mundo a sonhar

Só

As mãos se dão
Os pés pelas mãos
A dança canção
Solidão

Desejo

Desejar teus lábios
É sonhar com o paraíso
Viver em desaviso
É saber te amar
É te desejar
É não da sorte abusar

Pôr do sol

Pôr do sol
Beleza que os olhos
Não sonhavam existir

Sorriso advém dele
Pureza da tarde que cai
Céu límpido   alma adentra

Amor em cada ocaso
Sol dentro de cada paixão

Sol que se põe
A noite que vem
Com a lua
Abençoando os viventes

Te amar foi acordar de um sonho impossível.

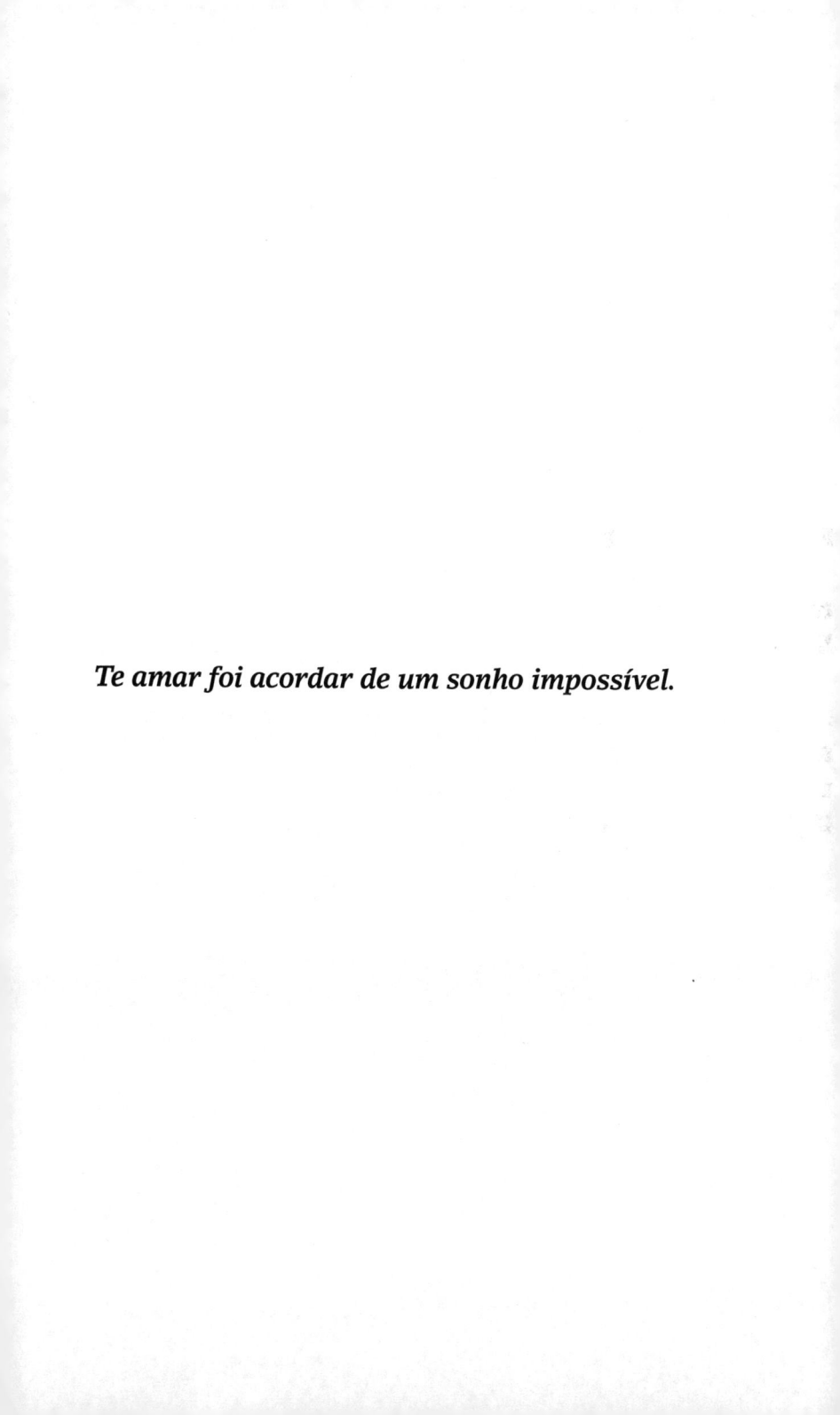

Amar foi te ver sorrir após um olhar.

Amor

A brisa toca teus lábios
Abrasa o corpo
Em chamas o amar flutua

Sentimentos vagueiam
Espumam
Como as ondas do mar

Desejos
Os teus olhos clamam
Teu corpo rodeia
Paixão forte   amor sereno
Na serenidade de amar

Retorno

Desci da passarela
Subtraí da decisão
Ação

Dei as costas ao meu destino
Abandonei-o ao léu

Procurei outro caminho
Não traçado para mim

Fui acolhida pelo desespero
Negro
Cercada pela própria ganância

Que me amordaçou
Que me estrangulou
Em desejos meus

Caprichei no despacho
Fui atropelado
Nos desejos meus

Agora   ao mundo
As lágrimas sufocam
No soluço

Começar pelo fim é forçoso
Começar pelo fim é correto
Iniciar o trajeto reto

Desfazer-me de orgulho e prazeres materiais
Rumo à simplicidade de minhas capacidades

Quem sabe o destino talvez?
Me abram as portas
Que enganosamente fechei
Nos indecisos
Desejos meus

Cachoeira

Segregando pés gelados
Na cachoeira esfumaçante
Caíram teus olhos
Escorregaram lágrimas

Aos pés o limbo escorregadio
As pedras todas traiçoeiras
A água límpida a seduzir
Cachoeira em camadas explodiu

Um canto de árvore para encostar
Um raio de sol a brilhar
Tua imagem que se desenha à minha frente
Lembrar de ti agora como será?

Te amar ao vento que sopra
Te amar na água que rola
Te amar ao raio de sol que adentra
A natureza a te amar mesmo distante

Sei

Entreguei meu futuro a Deus
Meu passado já o sei
O presente está vivo
Faço o melhor possível

Meus dias estão contados
Todos têm os dias contados
A morte está a caminho
A vida um suplício

Amor nenhum é perdido
Perdido   meus passos
No retrocesso dos atos
O sofrimento à tona

Sou uma figura no singular. Até na assinatura como o s.

Espera

A noite vem a cair
Teu olhar te assumi
Está na hora de ires embora
Está na hora

Tu te vais já não voltas
Amanhã terás que trabalhar
Não virás me visitar
Amanhã

Espero um telefonema
Uma saudade alegre
Das noites que hão de chegar

Conto nos dedos
Os dias a passar
Espero atentamente o sábado
Para te ver e te amar

Dores

Teu corpo está em sangria
Sangria desatada do símbolo
Vermelho como em carne viva
Viva carne nas dores

Os sofrimentos doutores
Do corpo da alma em vão
Ao longe se vão as lágrimas
As dores cá estão

Desato a viver desatado
Tão longe meu pranto é som
Do desespero sem ressalvas
A morte   meu consolo

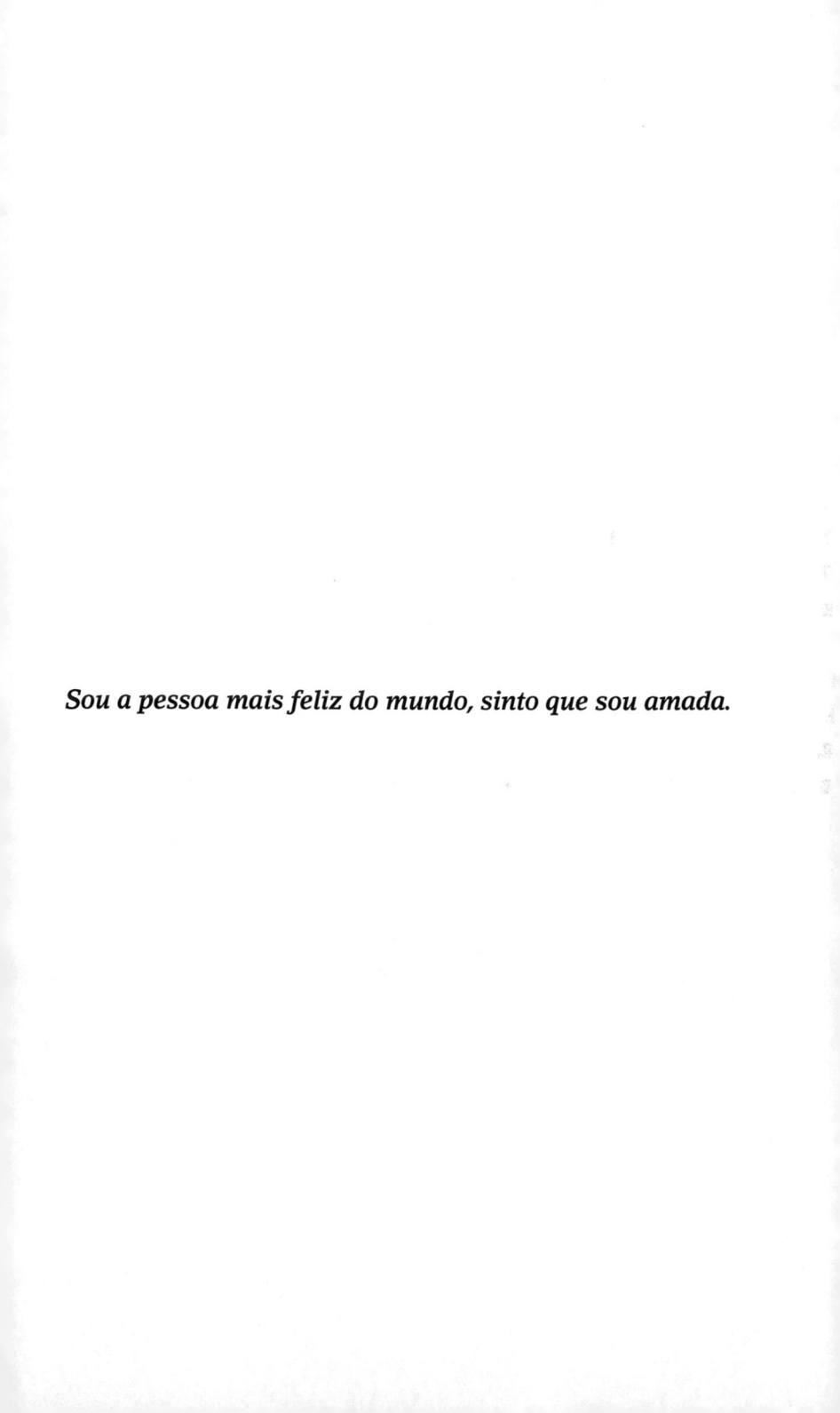

Sou a pessoa mais feliz do mundo, sinto que sou amada.

Passado

Meu passado se perdeu
Nas angústias dos delírios
São lágrimas que se foram
O tempo em desatino

Meu passado se perdeu
Em sofrimento atroz
A vida em dores consumiu
O destino fluiu

Meu passado se perdeu
Perdeu...
        Passado...
                Perdido...
                      Meu

Acabou

De tarde a morte chegou
O sol não mais nasceu
A lua não mais brilhou

Escureceu

Você foi para o além
Ninguém mais o viu
Ninguém mais o vê
Ninguém mais de você vai lembrar

De tarde
        De noite
                De manhã

Você se foi
Acabou

Alba

Na claridade serena
A brancura da paz
Amanhece em tempo único
Existência de amor profundo
Colhendo o mais doce fruto
De si para o mundo
Doçura de mãos dadas

Amanhã, quem sabe se estaremos por aqui.

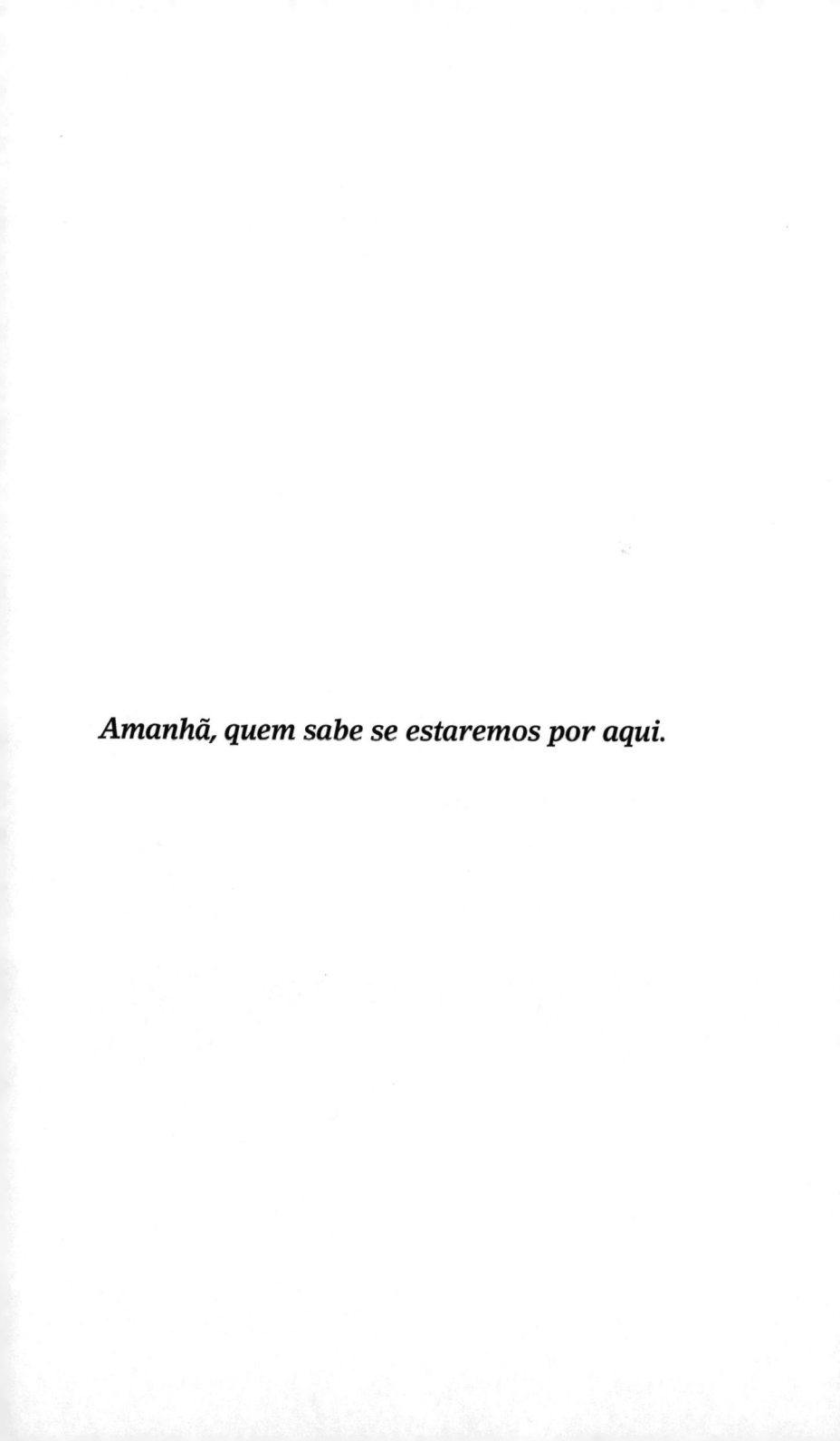

Penumbra

Na penumbra
A noite jaz
Olhos radiantes
Corpos flutuantes

Na penumbra
O amor nasce cedo
Carece a lua
Ternura luzente

A penumbra
Os fluidos sobem
Penumbra
Nas noites claras escuras
Raios luzentes em olhos
Cadentes pendentes
Sorridentes em ternura
                            Na penumbra

Pássaros

Os pássaros pousam nos fios
As asas a bater
A tarde ensolarou
A vida se renovou

O canto dos pássaros
A paz firmou

Amanhecer

Estrelas te acordam
No colo da madrugada
Estrelas te chamam
Te aclamam
No auge do adormecer

A madrugada é risonha
A noite criança ela vem
As estrelas te acordam
Felicidade te exclama
Antes do amanhecer

Ti amaria eu, tia Maria.

Traços

Os traços são grosseiros
A noite está alta
A solidão me mata
Em versos não visitados
Da aurora

Destino

O tempero do paladar
De quem a morte delineou
De quem a vida não suportou
De quem não teve tempo
Para se dar ao tempo
De viver

Os longos anos me foram curtos
Se foram   perdidos no labutar
Quanta dor tive que suportar
Para que a ida do mundo
Não pudesse antecipar

A passagem que nos espera
Em momento tão inesperado
Está solta   está alta   está presente
Ao correr do nosso destino

Fim

Carrega o sono da discórdia
Misericórdia tardia
A foice caminha

Vinte anos

Vinte anos se passaram
Por que agora fui mexer com isto
Brasa apagada
Cinza esparramada

São vinte anos percorridos
Cada qual com seu rumo
Cada vida um destino
Em desalinho

Em vinte anos que passaram
As jangadas não mais vão ao mar
Os peixes   os pássaros distanciam
Gente estranha ao caminhar

Vinte anos de amargura
Vinte anos de saudades

O que fui despertar
Está muito a me machucar
Nestes vinte anos
Em que teimo em te amar

Noite

Te amar foi esperar o dia passar
E a noite vestida de túnica
A me embriagar

Para te ver em sonhos
Desejos miraculosos
Tristonhos
De meu eterno caminhar

Te amar   foi te desejar
Em figura constante te imaginar
O dia comigo compartilhar

A noite em si
Não ter que me embriagar
Para ela ver passar

Olhar

Foi um desejo profundo
A alma fragmentada
As lágrimas a socorrer
Tanta infelicidade

Teu olhar se perde no horizonte
O brilho a desatar
O percurso que o tempo levou
A embrulhar

O adeus que o esquecimento levou
Lavou angústias   angustiou
Teus desejos são derradeiras lágrimas
Em soluços a pestanejar

Tu te foste
E não vais voltar

Despedida

O céu fecha em desatino
Quando você coloca as calças
Te ver se vestir é sentir no peito
A dor da separação

Tua casa   tua vida   tua profissão
Te espera do lado de fora
Do lado de fora do portão

O que ao toque da campainha engrandeceu
O vestir das calças sucumbiu
Teu mundo não me pertence
Recorro-me às lágrimas quando bate o portão

E a mim   as sobras
Da tua vida lá fora
Do lado de fora do portão

Coisas a fazer

Coisas a fazer, coisas a resolver. Complicações que a vida impõe. Por quê? Por que complicar tanto? Por que sofro tanto se as soluções não dependem de mim?

Primavera

Respirar o ar da manhã
Flores rastejam
Convidam a passear
Em paz a vida ficar

Cavalgar em passos curtos
Velejar em tempos obscuros
Te amar noite e dia
Floreia a alma em demasia

Noite

A manhã rompe
O corpo exclama
Os pássaros cantam
O orvalho pinga

O trabalho acima
A noite te espera

Canto do galo

Os galos cantam lá fora
O dia parece que nasce
Não nasce

Teu corpo ao meu lado
Arrepia
Chama desejos
Intensos

Os galos cantam
Lá fora   cantam
Meu coração palpita
Euforia

Do dia escuro
Que o canto do galo
Meu coração acordou

A chuva cai

A chuva cai e molha
Os trovões a clarear o céu
Teu amor se desata em água
Límpida como o mel

A intensa chuva me acolhe
Retrata o povo sombrio
De tempos escuros
Imensidão de sentimentos

Obscuros

Saltitando pelos campos
Cantos solenes a deslizar
No frio espinho da alma
Um doce recomeçar

A vida em altos e baixos
Sapatos de saltos
No vento que transcorre o peso
Do imenso saltitar

Teu olhar me acalma
Um doce deslizar
A vida em prantos
O riso a desejar

Solução

Nem as mágoas assolam a alma
Deixam sem perspectivas
Não entendo tua revolta
Em me ver brilhar

O céu escureceu
Não vou me abater
As coisas se resolvem
Há solução a qualquer hora
A qualquer momento
Então o céu aclarará

Segredo

Segredo
De que adianta tê-lo
Se vem à tona
Sempre

Filho

O filho de outro
Que corre dentro de ti
Foi uma noite de amor
Que os dias estão a gerar

Carícia que o amor desfalece em climas.